El
Universo
Tú

Tú
El
Universo

no te falta nada. eres un ser completo.

Todos somos Estrellas

UN DIARIO CREATIVO *para* SER TÚ MISMO

Meera Lee Patel

PLAZA & JANÉS

Papel certificado por el Forest Stewardship Council®

MIXTO
Papel | Apoyando la silvicultura responsable
FSC® C117695

Penguin Random House Grupo Editorial

Título original: *Made Out of Stars: a journal for self-realization*

Primera edición: junio de 2019
Cuarta reimpresión: junio de 2025

Ilustraciones de la cubierta: Meera Lee Patel
Adaptación del diseño de la cubierta de Meera Lee Patel: Penguin Random House Grupo Editorial
Fotografía de la autora: © Lindsay Grace Whiddon

Printed in Spain – Impreso en España

ISBN: 978-84-01-02256-2
Depósito legal: B-10.686-2019

Compuesto en M. I. Maquetación, S. L.
Impreso en Liber Digital, S. L.
Casarrubuelos (Madrid)

L 0 2 2 5 6 B

Para ti, por ser quien eres.

Este mundo no sería lo que es sin ti.

INTRODUCCIÓN

Hoy en día es muy fácil sentirse desconectado y abrumado. Las llamadas de teléfono y las ajustadas fechas de entrega se anteponen al aire fresco y a las conversaciones sinceras, y no siempre es fácil encontrar sentido a esas pequeñas cosas que nos consumen tanto tiempo. Cuidarnos suele aparecer al final de esa larga lista de tareas pendientes que crece y crece cada día que pasa..., y sin embargo es esencial. Si no nos queremos a nosotros mismos, ¿cómo vamos a querer a nada ni a nadie?

Las estrellas que vemos brillar en el cielo están muy lejos, pero siguen estando con nosotros a primera hora de la mañana. Cuando la noche nos envuelve con su pesado manto, su resplandor nos recuerda que en los sitios más oscuros hay luz. Las estrellas se componen de diversos elementos –carbono, hidrógeno, nitrógeno, oxígeno, sulfuro y fósforo– que se mantienen unidos gracias a su propia gravedad.

Al igual que las estrellas, cada uno de nosotros nos mantenemos unidos gracias a indescriptibles fuerzas: diminutos faros de luz brillan en nuestro interior y nos hacen únicos en nuestra especie, cada uno con su propia gama de emociones, ambiciones y sueños. Cuando te das cuenta de esto, es imposible que desees ser otra persona. En un mundo que te dice continuamente que tienes que dejar de ser como eres, resulta muchísimo más fácil ser sincero y decidido: ser exactamente como eres.

Ten esto muy claro: los mismos elementos que dan forma a las brillantes y etéreas estrellas están dentro de ti. Tienes polvo de estrellas en las manos, en los ojos, en el corazón. Esa luz que brilla en nuestro interior, y que hace que seamos quienes somos, también nos conecta unos con otros y con todo en este mundo.

Si puedes hacer el esfuerzo de recordar esto, esas pequeñas cosas no tan divertidas resultarán más asumibles y a menudo serán fuente de inspiración en momentos difíciles. En cada paso, por pequeño que sea, por insignificante que parezca en ese instante, hay un propósito. En los más humildes actos de generosidad, en los encuentros breves con un desconocido, en los momentos de tranquilidad que te regalas a ti mismo... hay un propósito.

Para sentirte conectado con el mundo, primero tienes que reforzar esa conexión contigo mismo. A medida que vayas conociéndote y comprendiéndote mejor, reconocerás una minúscula parte de ti en todo: en las plantas, en los animales, en la gente que te rodea y, en las noches más oscuras, incluso en las estrellas.

Creo en ti,

♡ [illegible]

NO TEMO A LAS TORMENTAS, PUES ESTOY APRENDIENDO A NAVEGAR CON MI BARCO.

LOUISA MAY ALCOTT

Cuanto más sabemos sobre nosotros mismos,
más fácil resulta sortear los obstáculos
a los que nos enfrentamos.

¿Qué has descubierto de ti ahora?

¿Qué descubriste de ti hace un año?

¿Qué esperas descubrir de ti dentro de un año?

Si no sacamos tiempo para cuidar de nosotros mismos, es imposible que nuestro cuerpo, nuestra mente y nuestro corazón estén en armonía.

Describe cómo cuidas de ti ahora.

¿Cómo esperas cuidarte dentro de un año?

¡VIVE!

¡VIVE LA MARAVILLOSA VIDA QUE ESTÁ DENTRO DE TI! NO TE PIERDAS NADA. BUSCA SIEMPRE NUEVAS SENSACIONES.

NO TEMAS *nada*.

OSCAR WILDE

¿Cuándo fue la última vez que viviste una experiencia nueva?

¿Qué tres experiencias has querido vivir siempre?

¿Qué te impide explorarlas?

Recuerda esto: SE NECESITA MUY POCO PARA TENER UNA vida feliz.

MARCO AURELIO

Escribe sobre tres aspectos de tu vida que te llenan pero a los que no sueles dar importancia.

Toda pequeña acción cotidiana forma o deforma el carácter.

OSCAR WILDE

Piensa en algo que temas hacer a diario. ¿Puedes enorgullecerte del mero acto de hacerlo?

TODO ESTÁ HECHO DE
magia, LAS HOJAS y
LOS ÁRBOLES, LAS FLORES
y LOS PÁJAROS, LOS
TEJONES y LOS
ZORROS y LAS
ARDILLAS y LA GENTE.
ASÍ QUE LA MAGIA
TIENE QUE RODEARNOS.
FRANCES HODGSON BURNETT

Sentirse conectado con el mundo implica observarlo con atención. Fíjate en la naturaleza: llevas una parte de ella allí adonde vas. Da un paseo por el bosque y aprende a sentirte como en casa al aire libre.

Escribe aquí sobre esta experiencia.

¿QUÉ HACE QUE TE SIENTAS CONECTADO CON...
tu corazón, tu espíritu, tu conciencia?

SI DUDAS POR UN MOMENTO
DE SI PODRÁS VOLAR,
YA NUNCA SERÁS CAPAZ
DE HACERLO...
TENER FE ES
TENER ALAS.

J. M. BARRIE

Piensa en algo por lo que te has sentido inseguro durante mucho tiempo. ¿Qué te ayudaría a tener más fe en ti mismo?

Es inútil volver al ayer, porque yo ERA UNA PERSONA DISTINTA entonces.

LEWIS CARROLL

Cada uno de nosotros evoluciona constantemente.
¿En qué cosas has cambiado a mejor en el último año?

DEBEN ACEPTARME TAL COMO SOY.

Mis LOGROS no son lo que soy, ni lo son mis FRACASOS,

SINO QUE SOY LA SUMA DE AMBOS.

CHARLES DICKENS

Describe un logro o un fracaso que te haya definido.
¿Es posible que seas algo más que la suma de tus logros y tus fracasos?

El mundo
es como UN
GRAN ESPEJO,
y refleja nuestra vida
MIENTRAS NOS
miramos en él.
L. FRANK
BAUM

A veces, lo mejor que podemos hacer para cambiar nuestra vida es cambiar nuestro punto de vista sobre ella.

Escribe diez razones por las que tienes una vida afortunada.

1.

2.

3.

4.

5.

6.

7.

8.

9.

10.

¿QUÉ HACE QUE TE SIENTAS CONECTADO CON...
tu cuerpo y tu respiración?

RALPH WALDO EMERSON

¿Qué tres cosas te impacientan? ¿Cómo podrías practicar la paciencia con cada una de ellas?

¿Qué más puede ofrecerte el mundo que innumerables INSPIRACIONES para llenar tus pulmones e innumerables HORAS con las que hacer lo que DESEES?

El mundo nos ofrece tantas cosas...
Escribe sobre las posibilidades que te brinda la vida.

Mi enemigo me dijo:

«AMA A TU ENEMIGO».

Y yo lo obedecí y

ME AMÉ A MÍ MISMO.

KHALIL GIBRAN

¿Cuándo fue la última vez que fuiste autocrítico?
¿Cómo puedes llegar a quererte más en estos momentos?

Lo
mejor de ser
bondadoso
con los demás
es que eso
los vuelve
bondadosos
a su vez.

Frederick William Faber

¿Cuándo fue la última vez que alguien hizo algo bueno por ti?
¿Cómo logró eso que fueras una persona más bondadosa?

¿QUÉ HACE QUE TE SIENTAS CONECTADO CON... *un desconocido?*

¿QUÉ HACE QUE TE SIENTAS CONECTADO... contigo mismo?

El mayor engaño que sufren los hombres nace de sus propias opiniones.

LEONARDO da VINCI

A menudo somos autocríticos en contra de nuestros propios intereses.

Identifica tres rasgos de tu personalidad que te cuesta aceptar. ¿Qué hay de positivo en cada uno de ellos?

1. Rasgo:
   Aspecto positivo:

2. Rasgo:
   Aspecto positivo:

3. Rasgo:
   Aspecto positivo:

Tal vez
todo lo que
nos da miedo es,
en su esencia
más profunda,
algo indefenso
que anhela
nuestro
amor.

Rainer Maria Rilke

Escribe tres cosas que te asusten.
¿Cómo puedes ofrecer amor a cada una de ellas?

1. Miedo:
   Acción:

2. Miedo:
   Acción:

3. Miedo:
   Acción:

La belleza está en
todo, pero no todo
el mundo la ve.

CONFUCIO

Describe tres cosas hermosas acerca de:

TI

TU CASA

TU PAÍS

TU PLANETA

TU UNIVERSO

LA LIBERTAD ES AMARTE A TI MISMO.

Escribe cinco maneras de ser más benevolente contigo mismo.

BUSCA

EL ÉXTASIS
EN LA VIDA;
LA MERA
SENSACIÓN
DE VIVIR
ES ALEGRÍA
SUFICIENTE.

EMILY DICKINSON

Respira. Sé consciente de que estás vivo en un mundo lleno de vida. ¿Qué significa estar vivo?

LA MÁS MÍNIMA ESPERANZA BASTA PARA QUE NAZCA EL AMOR.

STENDHAL

¿Qué obstáculos impiden que el amor y la positividad formen parte de tu vida? ¿Cómo puedes eliminarlos?

¿QUÉ HACE QUE TE SIENTAS CONECTADO CON...
la raza humana?

LA VIDA NO ES PARA NADIE. Pero ¿y qué más da? DEBEMOS SER PERSEVERANTES Y, POR ENCIMA DE TODO, TENER CONFIANZA EN NOSOTROS MISMOS. DEBEMOS CREER QUE TENEMOS TALENTO PARA ALGO.

MARIE CURIE

Escribe sobre tres talentos que poseas
y puedas ofrecer al mundo.

1.

2.

3.

NADIE ES
INÚTIL
EN ESTE MUNDO
SI ALIGERA
LA CARGA
DE ALGÚN
OTRO.
Charles Dickens

¿Cómo te sientes al ayudar a alguien próximo a ti?
¿Sentirías lo mismo ayudando a un desconocido?

PUEDO DISTINGUIR
CON CLARIDAD
ENTRE EL CRIMINAL
Y SU CRIMEN;

PUEDO PERDONAR
SINCERAMENTE
AL PRIMERO MIENTRAS
ABORREZCO LO SEGUNDO.

CHARLOTTE BRONTË

Piensa en algo que te hayan dicho o hecho últimamente y que te ha hecho sufrir. ¿Qué motivación había detrás? ¿Cómo puedes perdonar a la persona que te hizo daño?

La felicidad no depende de cosas externas, sino de la forma en que las vemos.

LEÓN TOLSTÓI

¿Qué es lo más hermoso...

de la luz matutina que entra en tu habitación?

del primer árbol que ves hoy?

de un desconocido en la calle?

de la primera noticia que lees?

de tomarte hoy un poco de tiempo para ti?

de la última conversación que has tenido?

¿QUÉ HACE QUE TE SIENTAS CONECTADO CON...
alguien con quien tienes una relación difícil?

La vida es
una sucesión
de lecciones
que hay que
vivir para
comprenderlas.

RALPH WALDO EMERSON

Describe tus mejores y peores experiencias del año pasado. ¿Qué aprendiste de cada una de ellas?

ESTAR VIVO
ES MAGIA.
SER FUERTE
ES MAGIA.
LA MAGIA
ESTÁ EN MÍ.
LA MAGIA
ESTÁ EN MÍ.

FRANCES HODGSON BURNETT

Es fácil buscar la magia en las cosas externas,
pero dentro de cada uno de nosotros hay magia.
¿Cuándo fue la última vez que fuiste consciente de todas
las posibilidades y maravillas que hay en tu interior?
Escribe aquí sobre eso.

SER
TÚ MISMO
EN UN MUNDO
QUE INTENTA CONSTANTEMENTE
CONVERTIRTE EN OTRA COSA
ES UN LOGRO ENORME.

RALPH WALDO EMERSON

¿Cuál es el obstáculo (una persona, un sentimiento, un reto) que te impide ser quien realmente eres?
¿Puedes superarlo?

FRIEDRICH NIETZSCHE

La vida es equilibrio. Reflexiona sobre una etapa difícil de tu vida. ¿Cómo te preparó ese período para algo bueno que vino después?

EL MÁS FELIZ,
SEA REY O CAMPESINO,
ES AQUEL QUE HALLA
PAZ EN SU HOGAR.

JOHANN WOLFGANG VON GOETHE

¿Qué hace que te sientas seguro dentro de ti?

SOLO VERÁS CON CLARIDAD SI ERES
CAPAZ DE CONTEMPLAR TU PROPIO CORAZÓN.
QUIEN MIRA HACIA FUERA SUEÑA;
QUIEN MIRA HACIA DENTRO DESPIERTA.

CARL JUNG

Cierra los ojos e imagina que el universo está dentro de ti, de la misma forma que tú estás dentro de él. Escribe sobre esta sensación.

¿Cuándo te sientes más conectado
con el mundo que te rodea,
y más vivo?

UN
AMIGO
ES AQUEL

QUE SABE
CÓMO ERES,
COMPRENDE
DÓNDE HAS ESTADO,
ACEPTA EN QUIÉN TE
HAS CONVERTIDO

Y, AUN ASÍ,
TIENE LA
DELICADEZA
DE DEJARTE CRECER.

WILLIAM SHAKESPEARE

¿Cuántos mundos ha creado otra gente dentro de ti y de qué manera te han permitido crecer como persona? Escribe aquí sobre ellos.

OVIDIO

Si dejas que tus miedos te paralicen, nunca darás un paso adelante. ¿Temes algo en este momento? ¿Cómo puedes avanzar a pesar de ese miedo?

¿QUÉ HACE QUE TE SIENTAS CONECTADO CON...
las estrellas y el universo?

La cosas
NO son
BUENAS O MALAS,
pero el
PENSAMIENTO
hace que lo
sean.
WILLIAM SHAKESPEARE

Reflexiona sobre un problema al que te hayas enfrentado recientemente. ¿Es posible ver las dos caras de la moneda? ¿Qué puedes aprender de cada cara?

Hay BELLEZA en la tristeza que reposa en tus hombros, HAY BELLEZA en el dolor que moldea y aturde tu corazón, y HAY BELLEZA en tener la fuerza necesaria para empezar de nuevo, UNA y OTRA VEZ.

Piensa en un momento muy triste para tu familia.
¿Qué cosas hermosas han surgido de esa tristeza?
¿Cómo has cambiado gracias a ella?

TODO EL MUNDO ES UNA LUNA,
Y TIENE UN LADO OSCURO
QUE NUNCA MUESTRA A NADIE.
* MARK TWAIN *

Piensa en algo de lo que te avergüences.
¿Sientes vergüenza por ti o por los demás?
¿Qué paso puedes dar para superar esa
vergüenza dentro de ti?

TODOS ESTAMOS

conectados

¿Qué hace que sientas cierta conexión con gente que no conoces y sitios que aún no has visto?

Con libertad, flores, libros y la luna, ¿quién no sería totalmente feliz?
OSCAR WILDE

¿Qué cuatro cosas de las siguientes necesitas más para ser feliz?

SEGURIDAD SATISFACCIÓN AMOR

RESPETO AUTOACEPTACIÓN

ÉXITO FAMILIA AMBICIÓN

RELACIONES SANAS HOGAR

AUTOESTIMA DINERO

CRECIMIENTO CONOCIMIENTO

¿Ya las tienes?

¿Puedes hallar alguna de ellas dentro de ti?

Moldéate
con el poder
de tu voluntad;
nunca permitas
que la
obstinación
te degrade
KRISHNA

Arrepentirnos de nuestros errores y fustigarnos constantemente por ello impide que seamos mejores personas, más bondadosas con nosotros mismos y con los demás.

¿Qué podrías hacer para quererte más y ser menos autocrítico?

Me celebro
y me canto,
Y lo que yo asumo,
tú lo asumirás,
pues cada átomo que me pertenece
también te pertenece a ti.

WALT WHITMAN

Cinco cosas que adoro y agradezco de mí mismo:

1.

2.

3.

4.

5.

Cinco cosas que adoro y agradezco de otra persona:

1.

2.

3.

4.

5.

¿QUÉ HACE QUE TE SIENTAS CONECTADO CON...
una persona que te importa mucho?

¿QUÉ HACE QUE TE SIENTAS CONECTADO CON...
una persona a la que notas distante?

Si existe la luz,
también existe la oscuridad;
si el frío, el calor;
si la altura, la profundidad;
si lo sólido, lo fluido;
si lo áspero, lo suave;
si la calma, la tempestad;
si la prosperidad,
la adversidad;
si la vida, la muerte.

PITÁGORAS

¿Cuáles son los rasgos más negativos de tu personalidad?
¿Cuáles son los rasgos positivos que equilibran la balanza?

NEGATIVO:

POSITIVO:

NEGATIVO:

POSITIVO:

NEGATIVO:

POSITIVO:

NEGATIVO:

POSITIVO:

ESTE MUNDO NO ES MÁS QUE
EL LIENZO DE TU IMAGINACIÓN.

HENRY DAVID THOREAU

Imagina un mundo mejor tanto para ti como para los demás.
¿Cómo es en el plano visual y sonoro?

HABITO EN LA POSIBILIDAD.

EMILY DICKINSON

¿Cuál es la meta más importante que te has marcado para el año que viene? Si decides estar abierto a todas las posibilidades, ¿esa meta cambiará?

La sabiduría es hija de la experiencia.

LEONARDO DA VINCI

¿Cuáles son las cinco lecciones más importantes que aprendiste el año pasado?

La paz que buscas está dentro de ti.

¿Cuándo te sientes más en paz? ¿Qué tres cosas puedes hacer para hallar esta paz interior?

CADA UNO DE NOSOTROS (CADA ANIMAL, PLANTA, HOMBRE O ESTRELLA) SOMOS UNA DIMINUTA HEBRA DE UN INTRINCADO TAPIZ. CADA HEBRA POSEE UNA BELLEZA ÚNICA QUE NO PUEDE COPIARSE NI REEMPLAZARSE. Y SI FALTA UNA SOLA PUNTADA, EL TAPIZ QUEDA INCOMPLETO.

¿Qué aportas a este mundo que nadie más aporta?

tú estás conectado
conmigo;
yo estoy conectado
contigo;
todos somos
las lunas y las
estrellas del cielo.

DEJA QUE TU PROPIO UNIVERSO TE GUÍE

Encuentra tu montaña, esa que quieres escalar.

Tu camino no se parecerá al de nadie más, y eso está bien.

Deja que la inmensidad del mundo te inspire.

Halla las estrellas que hay dentro de ti.
Dedica tiempo a construir un hogar dentro de ti.
Busca las estrellas que hay en los demás.
Cierra los ojos y refúgiate siempre que puedas.
Como todo lo demás, no tienes principio ni fin.
Cada día es otra oportunidad de ser exactamente quién eres.

BIBLIOGRAFÍA

Las citas se han extraído de las siguientes fuentes:

Alice's Adventures in Wonderland, de Lewis Carroll (Macmillan, 1865)

The Bhagavad Gita, de Eknath Easwaran (Nilgiri Press, 2007)

The Complete Works, de Ralph Waldo Emerson (Houghton, Mifflin, 1904)

De Profundis: The Ballad of Reading Gaol and Other Writings, de Oscar Wilde (Wordsworth Editions, 1999)

The Essential Thoreau, de Henry David Thoreau (Start Publishing LLC, 2012)

Following the Equator, de Mark Twain (American Publishing Company, 1897)

Great Expectations, de Charles Dickens (Chapman & Hall, 1861)

Hamlet, de William Shakespeare

Iphigenia on Tauris, 1787. Act 1, Act 3, «Thoas to Iphigenie», de Johann Wolfgang von Goethe (Aegypan, 2007)

Jayne Eyre, de Charlotte Brontë

Leaves of Grass, de Walt Whitman (David McKay, 1892)

Letters to a Young Poet, de Rainer Maria Rilke (New World Library, 2010)

The Little White Bird, de J. M. Barrie (Hodder & Stoughton, 1902)

Little Women, de Louisa May Alcott (Roberts Brothers, 1868)

Madame Curie: A Biography, de Eve Curie Labouisse (Da Capo Press, 1937)

Meditations, de Marco Aurelio (Dover Publications, 1997)

Metamorphoses, de Ovidio (Oxford University Press, 2009)

The Notebooks of Leonardo da Vinci, «XIX Philosophical Maxims. Morals. Polemics and Speculations», de Leonardo da Vinci (Dover, 1970)

«On Kindness in General», sermón de Frederick William Faber, *Spiritual Conferences*, 1860

On Love, de Stendhal (Liveright Publishing Corporation, 1947)
Our Mutual Friend, de Charles Dickens (Chapman & Hall, 1865)
The Picture of Dorian Gray, de Oscar Wilde (Lippincott's Monthly Magazine, 1890)
The Poems of Emily Dickinson, de Emily Dickinson; editado por R. W. Franklin (Harvard University Press, 1999)
Rinkitink in Oz, de L. Frank Baum (Reilly & Britton, 1916)
The Secret Garden, de Frances Hodgson Burnett (Frederick A. Stokes, 1911)
Selected Poems of Emily Dickinson, de Emily Dickinson (Heinemann Educational Publishers, 1959)
Self-Reliance, de Ralph Waldo Emerson (Roycrofters, 1908)
Spiritual Sayings of Kahlil Gibran, de Kahlil Gibran (Citadel, 1965)
Thus Spoke Zarathustra, de Friedrich Nietzsche (Penguin Classics; Edición: New Impression, 1974)
Wit and Wisdom, de John. W. Gardner y Francesca Gardner Reese (W. W. Norton & Company, 1996)

NOTAS

AGRADECIMIENTOS

El autoconocimiento es el proceso mediante el cual descubres o aceptas tu verdadero Yo. Es un viaje muy íntimo que suele hacerse en soledad, pero si tienes suerte, como yo la he tenido, muchos te ayudarán a lo largo del camino.

Estoy muy agradecida a mis padres, los primeros que me enseñaron el concepto del autoconocimiento; me mostraron que hay muchos mundos dentro de mí y que tengo la capacidad de unirlos.

Estoy muy agradecida a las siguientes personas por ayudarme a descubrir y aceptar los muchos mundos que hay dentro de mí: Ojus, Karishma, Kristen, Alicia, Amanda y Trevor. Sois mis estrellas. También estoy muy agradecida a Arian y Shea, quienes han creado, cada uno, otro mundo dentro de mí.

Por último, quiero dar las gracias a Marian y a Laurie porque me ayudaron a compartir quién soy con este vasto y misterioso mundo en el que vivimos.

SOBRE LA AUTORA

Meera Lee Patel es una escritora y artista autodidacta que sabe con certeza que dentro de ella hay muchos mundos, muchas lunas y muchas estrellas. Le gusta dormir y sonreír y cree que todo cambio viene de dentro.

También sabe que hay muchos mundos dentro de ti y espera que vayas en busca de todos ellos.

Para conocer mejor su trabajo, visita: *MeeraLee.com*

Para saber más sobre cómo piensa y ver sus sonrisas, visita: *Instagram.com/meeraleepatel*

DE LA MISMA AUTORA